Ce carnet
appartient a

🏠Nom :

🌐L'adresse du site :

👤 Nom d'utilisateur :

🔒 Mot de passe :

💬Remarques :

————————————————————

🏠Nom :

🌐L'adresse du site :

👤 Nom d'utilisateur :

🔒 Mot de passe :

💬Remarques :

————————————————————

🏠Nom :

🌐L'adresse du site :

👤 Nom d'utilisateur :

🔒 Mot de passe :

💬Remarques :

🏠Nom :

....

🌐L'adresse du site :

....

👤 Nom d'utilisateur :

....

🔒 Mot de passe :

....

💬Remarques :

....

—————————————————⟫⟪—————————————————

🏠Nom :

....

🌐L'adresse du site :

....

👤 Nom d'utilisateur :

....

🔒 Mot de passe :

....

💬Remarques :

....

—————————————————⟫⟪—————————————————

🏠Nom :

....

🌐L'adresse du site :

....

👤 Nom d'utilisateur :

....

🔒 Mot de passe :

....

💬Remarques :

....

....

🏠Nom :
....
🌐L'adresse du site :
....
👤 Nom d'utilisateur :
....
🔒 Mot de passe :
....
💬Remarques :
....
....

———————————————————————————————

🏠Nom :
....
🌐L'adresse du site :
....
👤 Nom d'utilisateur :
....
🔒 Mot de passe :
....
💬Remarques :
....
....

———————————————————————————————

🏠Nom :
....
🌐L'adresse du site :
....
👤 Nom d'utilisateur :
....
🔒 Mot de passe :
....
💬Remarques :
....
....

🏠 Nom :
....

🌐 L'adresse du site :
....

👤 Nom d'utilisateur :
....

🔒 Mot de passe :
....

💬 Remarques :
....

....

🏠 Nom :
....

🌐 L'adresse du site :
....

👤 Nom d'utilisateur :
....

🔒 Mot de passe :
....

💬 Remarques :
....

....

🏠 Nom :
....

🌐 L'adresse du site :
....

👤 Nom d'utilisateur :
....

🔒 Mot de passe :
....

💬 Remarques :
....

....

🏠 Nom :
....

🌐 L'adresse du site :
....

👤 Nom d'utilisateur :
....

🔒 Mot de passe :
....

💬 Remarques :
....

....

⬥◄◄◄●━━━━━━━━━⟫⟨⟪⟫⟨⟨━━━━━━━●●➤➤◄⬥

🏠 Nom :
....

🌐 L'adresse du site :
....

👤 Nom d'utilisateur :
....

🔒 Mot de passe :
....

💬 Remarques :
....

....

⬥◄◄◄●━━━━━━━━━⟫⟨⟪⟫⟨⟨━━━━━━━●●➤➤◄⬥

🏠 Nom :
....

🌐 L'adresse du site :
....

👤 Nom d'utilisateur :
....

🔒 Mot de passe :
....

💬 Remarques :
....

....

Nom :

L'adresse du site :

Nom d'utilisateur :

Mot de passe :

Remarques :

Nom :

L'adresse du site :

Nom d'utilisateur :

Mot de passe :

Remarques :

Nom :

L'adresse du site :

Nom d'utilisateur :

Mot de passe :

Remarques :

Nom :

L'adresse du site :

Nom d'utilisateur :

Mot de passe :

Remarques :

Nom :

L'adresse du site :

Nom d'utilisateur :

Mot de passe :

Remarques :

Nom :

L'adresse du site :

Nom d'utilisateur :

Mot de passe :

Remarques :

🏠 Nom :
....

🌐 L'adresse du site :
....

👤 Nom d'utilisateur :
....

🔒 Mot de passe :
....

💬 Remarques :
....

....

◆◄◄•●━━━━━━━━━━━━━━━━━━━━❯❯⧓❮❮━━━━━━━━━━━━●•►►◆

🏠 Nom :
....

🌐 L'adresse du site :
....

👤 Nom d'utilisateur :
....

🔒 Mot de passe :
....

💬 Remarques :
....

....

◆◄◄•●━━━━━━━━━━━━━━━━━━━━❯❯⧓❮❮━━━━━━━━━━━━●•►►◆

🏠 Nom :
....

🌐 L'adresse du site :
....

👤 Nom d'utilisateur :
....

🔒 Mot de passe :
....

💬 Remarques :
....

....

🏠Nom :

....

🌐L'adresse du site :

....

👤 Nom d'utilisateur :

....

🔒 Mot de passe :

....

💬Remarques :

....

....

━━━◄◄••●━━━━━━━━━━►►〇◄◄━━━━━━━━━●••►►━━━

🏠Nom :

....

🌐L'adresse du site :

....

👤 Nom d'utilisateur :

....

🔒 Mot de passe :

....

💬Remarques :

....

....

━━━◄◄••●━━━━━━━━━━►►〇◄◄━━━━━━━━━●••►►━━━

🏠Nom :

....

🌐L'adresse du site :

....

👤 Nom d'utilisateur :

....

🔒 Mot de passe :

....

💬Remarques :

....

....

🏠Nom :
....
🌐L'adresse du site :
....
👤Nom d'utilisateur :
....
🔒Mot de passe :
....
💬Remarques :
....

◆◆◄◄•●•————————➤➤◯◄◄————————•●•◄◄◆◆

🏠Nom :
....
🌐L'adresse du site :
....
👤Nom d'utilisateur :
....
🔒Mot de passe :
....
💬Remarques :
....

◆◆◄◄•●•————————➤➤◯◄◄————————•●•◄◄◆◆

🏠Nom :
....
🌐L'adresse du site :
....
👤Nom d'utilisateur :
....
🔒Mot de passe :
....
💬Remarques :
....
....

🏠Nom :

....

🌐L'adresse du site :

....

👤 Nom d'utilisateur :

....

🔒 Mot de passe :

....

💬Remarques :

....

....

◄━━◄◄━●━●━━━━━━━━━━━━━➤➤◯€€━━━━━━━━━━━●━●━➤➤►━►

🏠Nom :

....

🌐L'adresse du site :

....

👤 Nom d'utilisateur :

....

🔒 Mot de passe :

....

💬Remarques :

....

....

◄━━◄◄━●━●━━━━━━━━━━━━━➤➤◯€€━━━━━━━━━━━●━●━➤➤►━►

🏠Nom :

....

🌐L'adresse du site :

....

👤 Nom d'utilisateur :

....

🔒 Mot de passe :

....

💬Remarques :

....

....

🏠 Nom :

....

🌐 L'adresse du site :

....

👤 Nom d'utilisateur :

....

🔒 Mot de passe :

....

💬 Remarques :

....

....

◆━◀◀━●━●━━━━━━━━━━━━━━━━━⇥⇥◯◁◁━━━━━━━━━●━●━━▶▶◆

🏠 Nom :

....

🌐 L'adresse du site :

....

👤 Nom d'utilisateur :

....

🔒 Mot de passe :

....

💬 Remarques :

....

....

◆━◀◀━●━●━━━━━━━━━━━━━━━━━⇥⇥◯◁◁━━━━━━━━━●━●━━▶▶◆

🏠 Nom :

....

🌐 L'adresse du site :

....

👤 Nom d'utilisateur :

....

🔒 Mot de passe :

....

💬 Remarques :

....

....

🏠Nom :

🌐L'adresse du site :

👤 Nom d'utilisateur :

🔒 Mot de passe :

💬Remarques :

🏠Nom :

🌐L'adresse du site :

👤 Nom d'utilisateur :

🔒 Mot de passe :

💬Remarques :

🏠Nom :

🌐L'adresse du site :

👤 Nom d'utilisateur :

🔒 Mot de passe :

💬Remarques :

🏠Nom :

....

🌐L'adresse du site :

....

👤 Nom d'utilisateur :

....

🔒 Mot de passe :

....

💬Remarques :

....

....

◆◀◀•●•━━━━━━━━━━━━━━━━━⇉⊱⊰⇇━━━━━━━━━━━━━•●•▶▶◆

🏠Nom :

....

🌐L'adresse du site :

....

👤 Nom d'utilisateur :

....

🔒 Mot de passe :

....

💬Remarques :

....

....

◆◀◀•●•━━━━━━━━━━━━━━━━━⇉⊱⊰⇇━━━━━━━━━━━━━•●•▶▶◆

🏠Nom :

....

🌐L'adresse du site :

....

👤 Nom d'utilisateur :

....

🔒 Mot de passe :

....

💬Remarques :

....

....

🏠Nom :

....

🌐L'adresse du site :

....

👤 Nom d'utilisateur :

....

🔒 Mot de passe :

....

💬Remarques :

....

....

◆◀◂◂•●━━━━━━━━━━❯❯❳❲❮❮━━━━━━━━━━●◂◂▸▸◆

🏠Nom :

....

🌐L'adresse du site :

....

👤 Nom d'utilisateur :

....

🔒 Mot de passe :

....

💬Remarques :

....

....

◆◀◂◂•●━━━━━━━━━━❯❯❳❲❮❮━━━━━━━━━━●◂◂▸▸◆

🏠Nom :

....

🌐L'adresse du site :

....

👤 Nom d'utilisateur :

....

🔒 Mot de passe :

....

💬Remarques :

....

....

🏠 Nom :

....

🌐 L'adresse du site :

....

👤 Nom d'utilisateur :

....

🔒 Mot de passe :

....

💬 Remarques :

....

....

🏠 Nom :

....

🌐 L'adresse du site :

....

👤 Nom d'utilisateur :

....

🔒 Mot de passe :

....

💬 Remarques :

....

....

🏠 Nom :

....

🌐 L'adresse du site :

....

👤 Nom d'utilisateur :

....

🔒 Mot de passe :

....

💬 Remarques :

....

....

🏠Nom :

....

🌐L'adresse du site :

....

👤 Nom d'utilisateur :

....

🔒 Mot de passe :

....

💬Remarques :

....

....

━━━━━━━━━━━━━━━━━━━━━━━━━━━━━━━━━━━

🏠Nom :

....

🌐L'adresse du site :

....

👤 Nom d'utilisateur :

....

🔒 Mot de passe :

....

💬Remarques :

....

....

━━━━━━━━━━━━━━━━━━━━━━━━━━━━━━━━━━━

🏠Nom :

....

🌐L'adresse du site :

....

👤 Nom d'utilisateur :

....

🔒 Mot de passe :

....

💬Remarques :

....

....

🏠Nom :

....

🌐L'adresse du site :

....

👤 Nom d'utilisateur :

....

🔒 Mot de passe :

....

💬Remarques :

....

....

🏠Nom :

....

🌐L'adresse du site :

....

👤 Nom d'utilisateur :

....

🔒 Mot de passe :

....

💬Remarques :

....

....

🏠Nom :

....

🌐L'adresse du site :

....

👤 Nom d'utilisateur :

....

🔒 Mot de passe :

....

💬Remarques :

....

....

🏠Nom :

....

🌐L'adresse du site :

....

👤 Nom d'utilisateur :

....

🔒 Mot de passe :

....

💬Remarques :

....

🏠Nom :

....

🌐L'adresse du site :

....

👤 Nom d'utilisateur :

....

🔒 Mot de passe :

....

💬Remarques :

....

🏠Nom :

....

🌐L'adresse du site :

....

👤 Nom d'utilisateur :

....

🔒 Mot de passe :

....

💬Remarques :

....

🏠 Nom :
....

🌐 L'adresse du site :
....

👤 Nom d'utilisateur :
....

🔒 Mot de passe :
....

💬 Remarques :
....

🏠 Nom :
....

🌐 L'adresse du site :
....

👤 Nom d'utilisateur :
....

🔒 Mot de passe :
....

💬 Remarques :
....

🏠 Nom :
....

🌐 L'adresse du site :
....

👤 Nom d'utilisateur :
....

🔒 Mot de passe :
....

💬 Remarques :
....

🏠Nom :

···

🌐L'adresse du site :

···

👤 Nom d'utilisateur :

···

🔒 Mot de passe :

···

💬Remarques :

···

···

◆———————————————◆◆————————————————◆

🏠Nom :

···

🌐L'adresse du site :

···

👤 Nom d'utilisateur :

···

🔒 Mot de passe :

···

💬Remarques :

···

···

◆———————————————◆◆————————————————◆

🏠Nom :

···

🌐L'adresse du site :

···

👤 Nom d'utilisateur :

···

🔒 Mot de passe :

···

💬Remarques :

···

···

🏠Nom :

....

🌐L'adresse du site :

....

👤 Nom d'utilisateur :

....

🔒 Mot de passe :

....

💬Remarques :

....

....

◄◄◄••••———————————————— ⇥〇⇤ ————————————•••◄◄►

🏠Nom :

....

🌐L'adresse du site :

....

👤 Nom d'utilisateur :

....

🔒 Mot de passe :

....

💬Remarques :

....

....

◄◄◄••••———————————————— ⇥〇⇤ ————————————•••◄◄►

🏠Nom :

....

🌐L'adresse du site :

....

👤 Nom d'utilisateur :

....

🔒 Mot de passe :

....

💬Remarques :

....

....

🏠 Nom :

....

🌐 L'adresse du site :

....

👤 Nom d'utilisateur :

....

🔒 Mot de passe :

....

💬 Remarques :

....

....

🏠 Nom :

....

🌐 L'adresse du site :

....

👤 Nom d'utilisateur :

....

🔒 Mot de passe :

....

💬 Remarques :

....

....

🏠 Nom :

....

🌐 L'adresse du site :

....

👤 Nom d'utilisateur :

....

🔒 Mot de passe :

....

💬 Remarques :

....

🏠Nom :
....

🌐L'adresse du site :
....

👤Nom d'utilisateur :
....

🔒Mot de passe :
....

💬Remarques :
....

🏠Nom :
....

🌐L'adresse du site :
....

👤Nom d'utilisateur :
....

🔒Mot de passe :
....

💬Remarques :
....
....

🏠Nom :
....

🌐L'adresse du site :
....

👤Nom d'utilisateur :
....

🔒Mot de passe :
....

💬Remarques :
....
....

🏠Nom :

....

🌐L'adresse du site :

....

👤 Nom d'utilisateur :

....

🔒 Mot de passe :

....

💬Remarques :

....

....

◆◀◀●●━━━━━━━━━━━━━⇶✕⇷━━━━━━━━━●●◀◀◆

🏠Nom :

....

🌐L'adresse du site :

....

👤 Nom d'utilisateur :

....

🔒 Mot de passe :

....

💬Remarques :

....

....

◆◀◀●●━━━━━━━━━━━━━⇶✕⇷━━━━━━━━━●●◀◀◆

🏠Nom :

....

🌐L'adresse du site :

....

👤 Nom d'utilisateur :

....

🔒 Mot de passe :

....

💬Remarques :

....

....

🏠 Nom :

....

🌐 L'adresse du site :

....

👤 Nom d'utilisateur :

....

🔒 Mot de passe :

....

💬 Remarques :

....

....

🏠 Nom :

....

🌐 L'adresse du site :

....

👤 Nom d'utilisateur :

....

🔒 Mot de passe :

....

💬 Remarques :

....

....

🏠 Nom :

....

🌐 L'adresse du site :

....

👤 Nom d'utilisateur :

....

🔒 Mot de passe :

....

💬 Remarques :

....

....

🏠Nom :

....

🌐L'adresse du site :

....

👤 Nom d'utilisateur :

....

🔒 Mot de passe :

....

💬Remarques :

....

....

───────────────────────────────

🏠Nom :

....

🌐L'adresse du site :

....

👤 Nom d'utilisateur :

....

🔒 Mot de passe :

....

💬Remarques :

....

....

───────────────────────────────

🏠Nom :

....

🌐L'adresse du site :

....

👤 Nom d'utilisateur :

....

🔒 Mot de passe :

....

💬Remarques :

....

....

🏠Nom :
....

🌐L'adresse du site :
....

👤 Nom d'utilisateur :
....

🔒 Mot de passe :
....

💬Remarques :
....

....

━━━◄━━●━━━━━━━━━━━━━━━━━━◆━━━━━━━━━━●━━━►━━━

🏠Nom :
....

🌐L'adresse du site :
....

👤 Nom d'utilisateur :
....

🔒 Mot de passe :
....

💬Remarques :
....

....

━━━◄━━●━━━━━━━━━━━━━━━━━━◆━━━━━━━━━━●━━━►━━━

🏠Nom :
....

🌐L'adresse du site :
....

👤 Nom d'utilisateur :
....

🔒 Mot de passe :
....

💬Remarques :
....

....

🏠Nom :
....

🌐L'adresse du site :
....

👤 Nom d'utilisateur :
....

🔒 Mot de passe :
....

💬Remarques :
....

....

◆◄◄•••━━━━━━━━━━━━━━━►►◯◄◄━━━━━━━━━━━•••►►◆

🏠Nom :
....

🌐L'adresse du site :
....

👤 Nom d'utilisateur :
....

🔒 Mot de passe :
....

💬Remarques :
....

....

◆◄◄•••━━━━━━━━━━━━━━━►►◯◄◄━━━━━━━━━━━•••►►◆

🏠Nom :
....

🌐L'adresse du site :
....

👤 Nom d'utilisateur :
....

🔒 Mot de passe :
....

💬Remarques :
....

....

🏠Nom :

....

🌐L'adresse du site :

....

👤Nom d'utilisateur :

....

🔒Mot de passe :

....

💬Remarques :

....

....

🏠Nom :

....

🌐L'adresse du site :

....

👤Nom d'utilisateur :

....

🔒Mot de passe :

....

💬Remarques :

....

....

🏠Nom :

....

🌐L'adresse du site :

....

👤Nom d'utilisateur :

....

🔒Mot de passe :

....

💬Remarques :

....

....

🏠Nom :

....

🌐L'adresse du site :

....

👤 Nom d'utilisateur :

....

🔒 Mot de passe :

....

💬Remarques :

....

◆◄◄•••●━━━━━━━━━━━━━➤➤)(←━━━━━━━━━━━━●••◄◄◆

🏠Nom :

....

🌐L'adresse du site :

....

👤 Nom d'utilisateur :

....

🔒 Mot de passe :

....

💬Remarques :

....

◆◄◄•••●━━━━━━━━━━━━━➤➤)(←━━━━━━━━━━━━●••◄◄◆

🏠Nom :

....

🌐L'adresse du site :

....

👤 Nom d'utilisateur :

....

🔒 Mot de passe :

....

💬Remarques :

....

🏠 Nom :

....

🌐 L'adresse du site :

....

👤 Nom d'utilisateur :

....

🔒 Mot de passe :

....

💬 Remarques :

....

◆═══════════════════◆═══◆═══════════════════◆

🏠 Nom :

....

🌐 L'adresse du site :

....

👤 Nom d'utilisateur :

....

🔒 Mot de passe :

....

💬 Remarques :

....

◆═══════════════════◆═══◆═══════════════════◆

🏠 Nom :

....

🌐 L'adresse du site :

....

👤 Nom d'utilisateur :

....

🔒 Mot de passe :

....

💬 Remarques :

....

....

🏠Nom :

....

🌐L'adresse du site :

....

👤 Nom d'utilisateur :

....

🔒 Mot de passe :

....

💬Remarques :

....

....

◆◆◀◀•••──────≫)(≪─────•••◀◀◆◆

🏠Nom :

....

🌐L'adresse du site :

....

👤 Nom d'utilisateur :

....

🔒 Mot de passe :

....

💬Remarques :

....

....

◆◆◀◀•••──────≫)(≪─────•••◀◀◆◆

🏠Nom :

....

🌐L'adresse du site :

....

👤 Nom d'utilisateur :

....

🔒 Mot de passe :

....

💬Remarques :

....

....

🏠Nom :

....

🌐L'adresse du site :

....

👤 Nom d'utilisateur :

....

🔒 Mot de passe :

....

💬Remarques :

....

....

────────◆◆◀◀•●●──────────≫≫〇≪≪──────────●●•◀◀◆────────

🏠Nom :

....

🌐L'adresse du site :

....

👤 Nom d'utilisateur :

....

🔒 Mot de passe :

....

💬Remarques :

....

....

────────◆◀◀•●●──────────≫≫〇≪≪──────────●●•◀◀◆────────

🏠Nom :

....

🌐L'adresse du site :

....

👤 Nom d'utilisateur :

....

🔒 Mot de passe :

....

💬Remarques :

....

....

🏠Nom :

....

🌐L'adresse du site :

....

👤 Nom d'utilisateur :

....

🔒 Mot de passe :

....

💬Remarques :

....

◄◄┼┼●●● ➤➤✕◄◄ ●●◄┼► ◄

🏠Nom :

....

🌐L'adresse du site :

....

👤 Nom d'utilisateur :

....

🔒 Mot de passe :

....

💬Remarques :

....

◄◄┼┼●●● ➤➤✕◄◄ ●●◄┼► ◄

🏠Nom :

....

🌐L'adresse du site :

....

👤 Nom d'utilisateur :

....

🔒 Mot de passe :

....

💬Remarques :

....

....

🏠Nom :

🌐L'adresse du site :

👤 Nom d'utilisateur :

🔒 Mot de passe :

💬Remarques :

🏠Nom :

🌐L'adresse du site :

👤 Nom d'utilisateur :

🔒 Mot de passe :

💬Remarques :

🏠Nom :

🌐L'adresse du site :

👤 Nom d'utilisateur :

🔒 Mot de passe :

💬Remarques :

⌂ Nom :

....

🌐 L'adresse du site :

....

👤 Nom d'utilisateur :

....

🔒 Mot de passe :

....

💬 Remarques :

....

⌂ Nom :

....

🌐 L'adresse du site :

....

👤 Nom d'utilisateur :

....

🔒 Mot de passe :

....

💬 Remarques :

....

⌂ Nom :

....

🌐 L'adresse du site :

....

👤 Nom d'utilisateur :

....

🔒 Mot de passe :

....

💬 Remarques :

....

🏠 Nom :

....

🌐 L'adresse du site :

....

👤 Nom d'utilisateur :

....

🔒 Mot de passe :

....

💬 Remarques :

....

....

————————————————————◆⇥⇥◇⇤⇤◆————————————————————

🏠 Nom :

....

🌐 L'adresse du site :

....

👤 Nom d'utilisateur :

....

🔒 Mot de passe :

....

💬 Remarques :

....

....

————————————————————◆⇥⇥◇⇤⇤◆————————————————————

🏠 Nom :

....

🌐 L'adresse du site :

....

👤 Nom d'utilisateur :

....

🔒 Mot de passe :

....

💬 Remarques :

....

....

🏠Nom :

🌐L'adresse du site :

👤 Nom d'utilisateur :

🔒 Mot de passe :

💬Remarques :

🏠Nom :

🌐L'adresse du site :

👤 Nom d'utilisateur :

🔒 Mot de passe :

💬Remarques :

🏠Nom :

🌐L'adresse du site :

👤 Nom d'utilisateur :

🔒 Mot de passe :

💬Remarques :

🏠 Nom :

....

🌐 L'adresse du site :

....

👤 Nom d'utilisateur :

....

🔒 Mot de passe :

....

💬 Remarques :

....

....

🏠 Nom :

....

🌐 L'adresse du site :

....

👤 Nom d'utilisateur :

....

🔒 Mot de passe :

....

💬 Remarques :

....

....

🏠 Nom :

....

🌐 L'adresse du site :

....

👤 Nom d'utilisateur :

....

🔒 Mot de passe :

....

💬 Remarques :

....

....

🏠Nom :

....

🌐L'adresse du site :

....

👤 Nom d'utilisateur :

....

🔒 Mot de passe :

....

💬Remarques :

....

....

──────────────◆◆◆────────────────≫✕≪────────────────◆◆◆──────────────

🏠Nom :

....

🌐L'adresse du site :

....

👤 Nom d'utilisateur :

....

🔒 Mot de passe :

....

💬Remarques :

....

....

──────────────◆◆◆────────────────≫✕≪────────────────◆◆◆──────────────

🏠Nom :

....

🌐L'adresse du site :

....

👤 Nom d'utilisateur :

....

🔒 Mot de passe :

....

💬Remarques :

....

....

Nom :

....

L'adresse du site :

....

Nom d'utilisateur :

....

Mot de passe :

....

Remarques :

....

....

Nom :

....

L'adresse du site :

....

Nom d'utilisateur :

....

Mot de passe :

....

Remarques :

....

....

Nom :

....

L'adresse du site :

....

Nom d'utilisateur :

....

Mot de passe :

....

Remarques :

....

....

🏠Nom :

....

🌐L'adresse du site :

....

👤 Nom d'utilisateur :

....

🔒 Mot de passe :

....

💬Remarques :

....

....

◆◄◄•●•————————→→◇←←————————•●•►►◆

🏠Nom :

....

🌐L'adresse du site :

....

👤 Nom d'utilisateur :

....

🔒 Mot de passe :

....

💬Remarques :

....

....

◆◄◄•●•————————→→◇←←————————•●•►►◆

🏠Nom :

....

🌐L'adresse du site :

....

👤 Nom d'utilisateur :

....

🔒 Mot de passe :

....

💬Remarques :

....

....

🏠 Nom :
....

🌐 L'adresse du site :
....

👤 Nom d'utilisateur :
....

🔒 Mot de passe :
....

💬 Remarques :
....

—————————————————————

🏠 Nom :
....

🌐 L'adresse du site :
....

👤 Nom d'utilisateur :
....

🔒 Mot de passe :
....

💬 Remarques :
....

—————————————————————

🏠 Nom :
....

🌐 L'adresse du site :
....

👤 Nom d'utilisateur :
....

🔒 Mot de passe :
....

💬 Remarques :
....

🏠Nom :

....

🌐L'adresse du site :

....

👤 Nom d'utilisateur :

....

🔒 Mot de passe :

....

💬Remarques :

....

....

━━━━━━━━━━━━━━━━◆◄◄••●●►◄━━━━━━━━►)(◄━━━━━━━━━●●►◄━━━━◆━━━━━━━━

🏠Nom :

....

🌐L'adresse du site :

....

👤 Nom d'utilisateur :

....

🔒 Mot de passe :

....

💬Remarques :

....

....

━━━━━━━━━━━━━━━━◆◄◄••●●►◄━━━━━━━━►)(◄━━━━━━━━━●●►◄━━━━◆━━━━━━━━

🏠Nom :

....

🌐L'adresse du site :

....

👤 Nom d'utilisateur :

....

🔒 Mot de passe :

....

💬Remarques :

....

....

🏠Nom :

🌐L'adresse du site :

👤Nom d'utilisateur :

🔒Mot de passe :

💬Remarques :

🏠Nom :

🌐L'adresse du site :

👤Nom d'utilisateur :

🔒Mot de passe :

💬Remarques :

🏠Nom :

🌐L'adresse du site :

👤Nom d'utilisateur :

🔒Mot de passe :

💬Remarques :

🏠Nom :

....

🌐L'adresse du site :

....

👤 Nom d'utilisateur :

....

🔒 Mot de passe :

....

💬Remarques :

....

....

◆◀◀●●●━━━━━━━━━━━━━━━━━━━━➤➤◯◀◀━━━━━━━━━━━━━━━━━━●●●▶▶◆

🏠Nom :

....

🌐L'adresse du site :

....

👤 Nom d'utilisateur :

....

🔒 Mot de passe :

....

💬Remarques :

....

....

◆◀◀●●●━━━━━━━━━━━━━━━━━━━━➤➤◯◀◀━━━━━━━━━━━━━━━━━━●●●▶▶◆

🏠Nom :

....

🌐L'adresse du site :

....

👤 Nom d'utilisateur :

....

🔒 Mot de passe :

....

💬Remarques :

....

....

🏠 Nom :

....

🌐 L'adresse du site :

....

👤 Nom d'utilisateur :

....

🔒 Mot de passe :

....

💬 Remarques :

....

....

◆━━◄◄•••━━━━━━━━━━━━━━━━»»⟨⟩««━━━━━━━━━━•••◄◄━━◆

🏠 Nom :

....

🌐 L'adresse du site :

....

👤 Nom d'utilisateur :

....

🔒 Mot de passe :

....

💬 Remarques :

....

....

◆━━◄◄•••━━━━━━━━━━━━━━━━»»⟨⟩««━━━━━━━━━━•••◄◄━━◆

🏠 Nom :

....

🌐 L'adresse du site :

....

👤 Nom d'utilisateur :

....

🔒 Mot de passe :

....

💬 Remarques :

....

....

🏠Nom :

....

🌐L'adresse du site :

....

👤Nom d'utilisateur :

....

🔒Mot de passe :

....

💬Remarques :

....

....

───────────────────────────◆◇◆───────────────────────────

🏠Nom :

....

🌐L'adresse du site :

....

👤Nom d'utilisateur :

....

🔒Mot de passe :

....

💬Remarques :

....

....

───────────────────────────◆◇◆───────────────────────────

🏠Nom :

....

🌐L'adresse du site :

....

👤Nom d'utilisateur :

....

🔒Mot de passe :

....

💬Remarques :

....

....

🏠Nom :

🌐L'adresse du site :

👤 Nom d'utilisateur :

🔒 Mot de passe :

💬Remarques :

🏠Nom :

🌐L'adresse du site :

👤 Nom d'utilisateur :

🔒 Mot de passe :

💬Remarques :

🏠Nom :

🌐L'adresse du site :

👤 Nom d'utilisateur :

🔒 Mot de passe :

💬Remarques :

🏠Nom :

🌐L'adresse du site :

👤 Nom d'utilisateur :

🔒 Mot de passe :

💬Remarques :

🏠Nom :

🌐L'adresse du site :

👤 Nom d'utilisateur :

🔒 Mot de passe :

💬Remarques :

🏠Nom :

🌐L'adresse du site :

👤 Nom d'utilisateur :

🔒 Mot de passe :

💬Remarques :

🏠Nom :
....

🌐L'adresse du site :
....

👤 Nom d'utilisateur :
....

🔒 Mot de passe :
....

💬Remarques :
....

....

◆◄◄•●•———————————»»〇《◄———————•●•◄◄◆

🏠Nom :
....

🌐L'adresse du site :
....

👤 Nom d'utilisateur :
....

🔒 Mot de passe :
....

💬Remarques :
....

....

◆◄◄•●•———————————»»〇《◄———————•●•◄◄◆

🏠Nom :
....

🌐L'adresse du site :
....

👤 Nom d'utilisateur :
....

🔒 Mot de passe :
....

💬Remarques :
....

....

🏠Nom :

🌐L'adresse du site :

👤 Nom d'utilisateur :

🔒 Mot de passe :

💬Remarques :

🏠Nom :

🌐L'adresse du site :

👤 Nom d'utilisateur :

🔒 Mot de passe :

💬Remarques :

🏠Nom :

🌐L'adresse du site :

👤 Nom d'utilisateur :

🔒 Mot de passe :

💬Remarques :

🏠Nom :
....

🌐L'adresse du site :
....

👤 Nom d'utilisateur :
....

🔒 Mot de passe :
....

💬Remarques :
....

🏠Nom :
....

🌐L'adresse du site :
....

👤 Nom d'utilisateur :
....

🔒 Mot de passe :
....

💬Remarques :
....

🏠Nom :
....

🌐L'adresse du site :
....

👤 Nom d'utilisateur :
....

🔒 Mot de passe :
....

💬Remarques :
....

....

🏠Nom :

⏺L'adresse du site :

👤Nom d'utilisateur :

🔒Mot de passe :

💬Remarques :

───────────────────────✶───────────────────────

🏠Nom :

⏺L'adresse du site :

👤Nom d'utilisateur :

🔒Mot de passe :

💬Remarques :

───────────────────────✶───────────────────────

🏠Nom :

⏺L'adresse du site :

👤Nom d'utilisateur :

🔒Mot de passe :

💬Remarques :

🏠 Nom :
....

🌐 L'adresse du site :
....

👤 Nom d'utilisateur :
....

🔒 Mot de passe :
....

💬 Remarques :
....

....

⬥◄◄•••—————————————»○«—————————•••►►⬥

🏠 Nom :
....

🌐 L'adresse du site :
....

👤 Nom d'utilisateur :
....

🔒 Mot de passe :
....

💬 Remarques :
....

....

⬥◄◄•••—————————————»○«—————————•••►►⬥

🏠 Nom :
....

🌐 L'adresse du site :
....

👤 Nom d'utilisateur :
....

🔒 Mot de passe :
....

💬 Remarques :
....

....

🏠Nom :

🌐L'adresse du site :

👤 Nom d'utilisateur :

🔒 Mot de passe :

💬Remarques :

🏠Nom :

🌐L'adresse du site :

👤 Nom d'utilisateur :

🔒 Mot de passe :

💬Remarques :

🏠Nom :

🌐L'adresse du site :

👤 Nom d'utilisateur :

🔒 Mot de passe :

💬Remarques :

🏠Nom :
....

🌐L'adresse du site :
....

👤Nom d'utilisateur :
....

🔒Mot de passe :
....

💬Remarques :
....
....

🏠Nom :
....

🌐L'adresse du site :
....

👤Nom d'utilisateur :
....

🔒Mot de passe :
....

💬Remarques :
....
....

🏠Nom :
....

🌐L'adresse du site :
....

👤Nom d'utilisateur :
....

🔒Mot de passe :
....

💬Remarques :
....
....

🏠Nom :

🌐L'adresse du site :

👤Nom d'utilisateur :

🔒Mot de passe :

💬Remarques :

🏠Nom :

🌐L'adresse du site :

👤Nom d'utilisateur :

🔒Mot de passe :

💬Remarques :

🏠Nom :

🌐L'adresse du site :

👤Nom d'utilisateur :

🔒Mot de passe :

💬Remarques :

🏠Nom :

....

🌐L'adresse du site :

....

👤 Nom d'utilisateur :

....

🔒 Mot de passe :

....

💬Remarques :

....

....

🏠Nom :

....

🌐L'adresse du site :

....

👤 Nom d'utilisateur :

....

🔒 Mot de passe :

....

💬Remarques :

....

....

🏠Nom :

....

🌐L'adresse du site :

....

👤 Nom d'utilisateur :

....

🔒 Mot de passe :

....

💬Remarques :

....

....

🏠Nom :

....

🌐L'adresse du site :

....

👤 Nom d'utilisateur :

....

🔒 Mot de passe :

....

💬Remarques :

....

....

◆─────────────────────────◆

🏠Nom :

....

🌐L'adresse du site :

....

👤 Nom d'utilisateur :

....

🔒 Mot de passe :

....

💬Remarques :

....

....

◆─────────────────────────◆

🏠Nom :

....

🌐L'adresse du site :

....

👤 Nom d'utilisateur :

....

🔒 Mot de passe :

....

💬Remarques :

....

....

🏠Nom :

....

🌐L'adresse du site :

....

👤 Nom d'utilisateur :

....

🔒 Mot de passe :

....

💬Remarques :

....

....

🏠Nom :

....

🌐L'adresse du site :

....

👤 Nom d'utilisateur :

....

🔒 Mot de passe :

....

💬Remarques :

....

....

🏠Nom :

....

🌐L'adresse du site :

....

👤 Nom d'utilisateur :

....

🔒 Mot de passe :

....

💬Remarques :

....

....

🏠Nom :

....

🌐L'adresse du site :

....

👤Nom d'utilisateur :

....

🔒Mot de passe :

....

💬Remarques :

....

....

◆‹‹•‹•‹•━━━━━›››✕‹‹‹━━━━━━━•‹•‹›◆

🏠Nom :

....

🌐L'adresse du site :

....

👤Nom d'utilisateur :

....

🔒Mot de passe :

....

💬Remarques :

....

....

◆‹‹•‹•‹•━━━━━›››✕‹‹‹━━━━━━━•‹•‹›◆

🏠Nom :

....

🌐L'adresse du site :

....

👤Nom d'utilisateur :

....

🔒Mot de passe :

....

💬Remarques :

....

....

🏠Nom :
....

🌐L'adresse du site :
....

👤 Nom d'utilisateur :
....

🔒 Mot de passe :
....

💬Remarques :
....

....

◆━━━━━━━━━━━━━━━━━━━━━━━━━━━━━━━━━━━━━◆

🏠Nom :
....

🌐L'adresse du site :
....

👤 Nom d'utilisateur :
....

🔒 Mot de passe :
....

💬Remarques :
....

....

◆━━━━━━━━━━━━━━━━━━━━━━━━━━━━━━━━━━━━━◆

🏠Nom :
....

🌐L'adresse du site :
....

👤 Nom d'utilisateur :
....

🔒 Mot de passe :
....

💬Remarques :
....

....

🏠Nom :

....

🌐L'adresse du site :

....

👤Nom d'utilisateur :

....

🔒Mot de passe :

....

💬Remarques :

....

....

🏠Nom :

....

🌐L'adresse du site :

....

👤Nom d'utilisateur :

....

🔒Mot de passe :

....

💬Remarques :

....

....

🏠Nom :

....

🌐L'adresse du site :

....

👤Nom d'utilisateur :

....

🔒Mot de passe :

....

💬Remarques :

....

....

🏠Nom :

....

🌐L'adresse du site :

....

👤 Nom d'utilisateur :

....

🔒 Mot de passe :

....

💬Remarques :

....

....

——————◆◆◆•—————————————————————⟫⟫✕⟪⟪—————————————————•◆◆◆——————

🏠Nom :

....

🌐L'adresse du site :

....

👤 Nom d'utilisateur :

....

🔒 Mot de passe :

....

💬Remarques :

....

....

——————◆◆◆•—————————————————————⟫⟫✕⟪⟪—————————————————•◆◆◆——————

🏠Nom :

....

🌐L'adresse du site :

....

👤 Nom d'utilisateur :

....

🔒 Mot de passe :

....

💬Remarques :

....

....

🏠Nom :

....

🌐L'adresse du site :

....

👤Nom d'utilisateur :

....

🔒Mot de passe :

....

💬Remarques :

....

━━━━━━━━━━━━━◆━━━━━━━━━━━━━

🏠Nom :

....

🌐L'adresse du site :

....

👤Nom d'utilisateur :

....

🔒Mot de passe :

....

💬Remarques :

....

━━━━━━━━━━━━━◆━━━━━━━━━━━━━

🏠Nom :

....

🌐L'adresse du site :

....

👤Nom d'utilisateur :

....

🔒Mot de passe :

....

💬Remarques :

....

🏠Nom :
....
🌐L'adresse du site :
....
👤Nom d'utilisateur :
....
🔒Mot de passe :
....
💬Remarques :
....
....

━━━◆‹‹•••━━━━━━━━⟫◯‹‹━━━━━━•••‹‹◆━━━

🏠Nom :
....
🌐L'adresse du site :
....
👤Nom d'utilisateur :
....
🔒Mot de passe :
....
💬Remarques :
....
....

━━━◆‹‹•••━━━━━━━━⟫◯‹‹━━━━━━•••‹‹◆━━━

🏠Nom :
....
🌐L'adresse du site :
....
👤Nom d'utilisateur :
....
🔒Mot de passe :
....
💬Remarques :
....
....

🏠 Nom :
....

🌐 L'adresse du site :
....

👤 Nom d'utilisateur :
....

🔒 Mot de passe :
....

💬 Remarques :
....
....

━━━◆◄◄•••━━━━━━━━━━━━━━━⟩⟩✕⟨⟨━━━━━━━━━━━━•••►►◆━━━

🏠 Nom :
....

🌐 L'adresse du site :
....

👤 Nom d'utilisateur :
....

🔒 Mot de passe :
....

💬 Remarques :
....
....

━━━◆◄◄•••━━━━━━━━━━━━━━━⟩⟩✕⟨⟨━━━━━━━━━━━━•••►►◆━━━

🏠 Nom :
....

🌐 L'adresse du site :
....

👤 Nom d'utilisateur :
....

🔒 Mot de passe :
....

💬 Remarques :
....
....

⌂ Nom :
....

🌐 L'adresse du site :
....

👤 Nom d'utilisateur :
....

🔒 Mot de passe :
....

💬 Remarques :
....

❖━━━━━━━━━━━━━━━━━━━━━━━━━━❖

⌂ Nom :
....

🌐 L'adresse du site :
....

👤 Nom d'utilisateur :
....

🔒 Mot de passe :
....

💬 Remarques :
....
....

❖━━━━━━━━━━━━━━━━━━━━━━━━━━❖

⌂ Nom :
....

🌐 L'adresse du site :
....

👤 Nom d'utilisateur :
....

🔒 Mot de passe :
....

💬 Remarques :
....
....

🏠Nom :

🌐L'adresse du site :

👤 Nom d'utilisateur :

🔒 Mot de passe :

💬Remarques :

🏠Nom :

🌐L'adresse du site :

👤 Nom d'utilisateur :

🔒 Mot de passe :

💬Remarques :

🏠Nom :

🌐L'adresse du site :

👤 Nom d'utilisateur :

🔒 Mot de passe :

💬Remarques :

🏠Nom :

🌐L'adresse du site :

👤Nom d'utilisateur :

🔒Mot de passe :

💬Remarques :

🏠Nom :

🌐L'adresse du site :

👤Nom d'utilisateur :

🔒Mot de passe :

💬Remarques :

🏠Nom :

🌐L'adresse du site :

👤Nom d'utilisateur :

🔒Mot de passe :

💬Remarques :

🏠Nom :
....

🌐L'adresse du site :
....

👤Nom d'utilisateur :
....

🔒Mot de passe :
....

💬Remarques :
....

....

◆◄◄•••——————————————————⇒⇒〇⇐⇐————————————————•••◄◄►◆

🏠Nom :
....

🌐L'adresse du site :
....

👤Nom d'utilisateur :
....

🔒Mot de passe :
....

💬Remarques :
....

....

◆◄◄•••——————————————————⇒⇒〇⇐⇐————————————————•••◄◄►◆

🏠Nom :
....

🌐L'adresse du site :
....

👤Nom d'utilisateur :
....

🔒Mot de passe :
....

💬Remarques :
....

....

🏠 Nom :
....

🌐 L'adresse du site :
....

👤 Nom d'utilisateur :
....

🔒 Mot de passe :
....

💬 Remarques :
....

....

━━━━━◆━━━━━━━━━━━━━━━━━━━◆━━━━━

🏠 Nom :
....

🌐 L'adresse du site :
....

👤 Nom d'utilisateur :
....

🔒 Mot de passe :
....

💬 Remarques :
....

....

━━━━━◆━━━━━━━━━━━━━━━━━━━◆━━━━━

🏠 Nom :
....

🌐 L'adresse du site :
....

👤 Nom d'utilisateur :
....

🔒 Mot de passe :
....

💬 Remarques :
....

....

🏠Nom :

🌐L'adresse du site :

👤 Nom d'utilisateur :

🔒 Mot de passe :

💬Remarques :

━━━━━━━━━━━━━━━━━━━━━━━━━━━━━━━━

🏠Nom :

🌐L'adresse du site :

👤 Nom d'utilisateur :

🔒 Mot de passe :

💬Remarques :

━━━━━━━━━━━━━━━━━━━━━━━━━━━━━━━━

🏠Nom :

🌐L'adresse du site :

👤 Nom d'utilisateur :

🔒 Mot de passe :

💬Remarques :

🏠 Nom :

....

🌐 L'adresse du site :

....

👤 Nom d'utilisateur :

....

🔒 Mot de passe :

....

💬 Remarques :

....

....

◆◄◄•••━━━━━━━━━━━━➤➤)(◄◄━━━━━━━━•••◄◄►◆

🏠 Nom :

....

🌐 L'adresse du site :

....

👤 Nom d'utilisateur :

....

🔒 Mot de passe :

....

💬 Remarques :

....

....

◆◄◄•••━━━━━━━━━━━━➤➤)(◄◄━━━━━━━━•••◄◄►◆

🏠 Nom :

....

🌐 L'adresse du site :

....

👤 Nom d'utilisateur :

....

🔒 Mot de passe :

....

💬 Remarques :

....

....

🏠Nom :

🌐L'adresse du site :

👤 Nom d'utilisateur :

🔒 Mot de passe :

💬Remarques :

🏠Nom :

🌐L'adresse du site :

👤 Nom d'utilisateur :

🔒 Mot de passe :

💬Remarques :

🏠Nom :

🌐L'adresse du site :

👤 Nom d'utilisateur :

🔒 Mot de passe :

💬Remarques :

🏠Nom :

....

🌐L'adresse du site :

....

👤Nom d'utilisateur :

....

🔒Mot de passe :

....

💬Remarques :

....

🏠Nom :

....

🌐L'adresse du site :

....

👤Nom d'utilisateur :

....

🔒Mot de passe :

....

💬Remarques :

....

🏠Nom :

....

🌐L'adresse du site :

....

👤Nom d'utilisateur :

....

🔒Mot de passe :

....

💬Remarques :

....

🏠Nom :
....

🌐L'adresse du site :
....

👤 Nom d'utilisateur :
....

🔒 Mot de passe :
....

💬Remarques :
....

....

━━◄◄◄•●•━━━━━━━━━►►✕◄◄━━━━━━━━•●•►►►━━

🏠Nom :
....

🌐L'adresse du site :
....

👤 Nom d'utilisateur :
....

🔒 Mot de passe :
....

💬Remarques :
....

....

━━◄◄◄•●•━━━━━━━━━►►✕◄◄━━━━━━━━•●•►►►━━

🏠Nom :
....

🌐L'adresse du site :
....

👤 Nom d'utilisateur :
....

🔒 Mot de passe :
....

💬Remarques :
....

....

🏠 Nom :

....

🌐 L'adresse du site :

....

👤 Nom d'utilisateur :

....

🔒 Mot de passe :

....

💬 Remarques :

....

....

🏠 Nom :

....

🌐 L'adresse du site :

....

👤 Nom d'utilisateur :

....

🔒 Mot de passe :

....

💬 Remarques :

....

....

🏠 Nom :

....

🌐 L'adresse du site :

....

👤 Nom d'utilisateur :

....

🔒 Mot de passe :

....

💬 Remarques :

....

....

🏠Nom :
....
🌐L'adresse du site :
....
👤 Nom d'utilisateur :
....
🔒 Mot de passe :
....
💬Remarques :
....
....

◄━━◄◄•●•━━━━━━━━━━━━━━━━━━━━►►○►►━━━━━━━━━━━━━━•●•━━━►

🏠Nom :
....
🌐L'adresse du site :
....
👤 Nom d'utilisateur :
....
🔒 Mot de passe :
....
💬Remarques :
....
....

◄━━◄◄•●•━━━━━━━━━━━━━━━━━━━━►►○►►━━━━━━━━━━━━━━•●•━━━►

🏠Nom :
....
🌐L'adresse du site :
....
👤 Nom d'utilisateur :
....
🔒 Mot de passe :
....
💬Remarques :
....
....

🏠Nom :

....

🌐L'adresse du site :

....

👤 Nom d'utilisateur :

....

🔒 Mot de passe :

....

💬Remarques :

....

....

◆◀◀•●━━━━━━━━━━━━━━━━━━━━❯❯〇❮❮━━━━━━━━━●•▶▶◆

🏠Nom :

....

🌐L'adresse du site :

....

👤 Nom d'utilisateur :

....

🔒 Mot de passe :

....

💬Remarques :

....

....

◆◀◀•●━━━━━━━━━━━━━━━━━━━━❯❯〇❮❮━━━━━━━━━●•▶▶◆

🏠Nom :

....

🌐L'adresse du site :

....

👤 Nom d'utilisateur :

....

🔒 Mot de passe :

....

💬Remarques :

....

....

🏠Nom :
....

🌐L'adresse du site :
....

👤 Nom d'utilisateur :
....

🔒 Mot de passe :
....

💬Remarques :
....

....

◄◄━●━●━━━━━━━━━━━⟫⟩◯⟨⟪━━━━━━━━━●━●━►►

🏠Nom :
....

🌐L'adresse du site :
....

👤 Nom d'utilisateur :
....

🔒 Mot de passe :
....

💬Remarques :
....

....

◄◄━●━●━━━━━━━━━━━⟫⟩◯⟨⟪━━━━━━━━━●━●━►►

🏠Nom :
....

🌐L'adresse du site :
....

👤 Nom d'utilisateur :
....

🔒 Mot de passe :
....

💬Remarques :
....

....

🏠 Nom :

....

🌐 L'adresse du site :

....

👤 Nom d'utilisateur :

....

🔒 Mot de passe :

....

💬 Remarques :

....

....

◄━━━━━●━━━━━━━━━━━━━━⟫◯⟪━━━━━━━━━━●━━►

🏠 Nom :

....

🌐 L'adresse du site :

....

👤 Nom d'utilisateur :

....

🔒 Mot de passe :

....

💬 Remarques :

....

....

◄━━━━━●━━━━━━━━━━━━━━⟫◯⟪━━━━━━━━━━●━━►

🏠 Nom :

....

🌐 L'adresse du site :

....

👤 Nom d'utilisateur :

....

🔒 Mot de passe :

....

💬 Remarques :

....

....

🏠Nom :

🌐L'adresse du site :

👤Nom d'utilisateur :

🔒Mot de passe :

💬Remarques :

━━━━━━◆◆◆━━━━━━

🏠Nom :

🌐L'adresse du site :

👤Nom d'utilisateur :

🔒Mot de passe :

💬Remarques :

━━━━━━◆◆◆━━━━━━

🏠Nom :

🌐L'adresse du site :

👤Nom d'utilisateur :

🔒Mot de passe :

💬Remarques :

🏠Nom :

....

🌐L'adresse du site :

....

👤 Nom d'utilisateur :

....

🔒 Mot de passe :

....

💬Remarques :

....

....

―――――――――――――――――――――――――――――――――

🏠Nom :

....

🌐L'adresse du site :

....

👤 Nom d'utilisateur :

....

🔒 Mot de passe :

....

💬Remarques :

....

....

―――――――――――――――――――――――――――――――――

🏠Nom :

....

🌐L'adresse du site :

....

👤 Nom d'utilisateur :

....

🔒 Mot de passe :

....

💬Remarques :

....

....

🏠Nom :
....

🌐L'adresse du site :
....

👤 Nom d'utilisateur :
....

🔒 Mot de passe :
....

💬Remarques :
....
....

◆◀◂◦●━━━━━━━━━━➤X◅━━━━━━━━●◦◂▶◆

🏠Nom :
....

🌐L'adresse du site :
....

👤 Nom d'utilisateur :
....

🔒 Mot de passe :
....

💬Remarques :
....
....

◆◀◂◦●━━━━━━━━━━➤X◅━━━━━━━━●◦◂▶◆

🏠Nom :
....

🌐L'adresse du site :
....

👤 Nom d'utilisateur :
....

🔒 Mot de passe :
....

💬Remarques :
....
....

🏠Nom :

....

🌐L'adresse du site :

....

👤 Nom d'utilisateur :

....

🔒 Mot de passe :

....

💬Remarques :

....

....

◆❮❮•●●━━━━━━━━❯❯◯❮❮━━━━━━•●•❯❯◆

🏠Nom :

....

🌐L'adresse du site :

....

👤 Nom d'utilisateur :

....

🔒 Mot de passe :

....

💬Remarques :

....

....

◆❮❮•●●━━━━━━━━❯❯◯❮❮━━━━━━•●•❯❯◆

🏠Nom :

....

🌐L'adresse du site :

....

👤 Nom d'utilisateur :

....

🔒 Mot de passe :

....

💬Remarques :

....

....

🏠Nom :

....

🌐L'adresse du site :

....

👤 Nom d'utilisateur :

....

🔒 Mot de passe :

....

💬Remarques :

....

....

◄◄◄•••——————————»»⟨⟩««——————————•••►►►

🏠Nom :

....

🌐L'adresse du site :

....

👤 Nom d'utilisateur :

....

🔒 Mot de passe :

....

💬Remarques :

....

....

◄◄◄•••——————————»»⟨⟩««——————————•••►►►

🏠Nom :

....

🌐L'adresse du site :

....

👤 Nom d'utilisateur :

....

🔒 Mot de passe :

....

💬Remarques :

....

....

🏠 Nom :

....

🌐 L'adresse du site :

....

👤 Nom d'utilisateur :

....

🔒 Mot de passe :

....

💬 Remarques :

....

....

🏠 Nom :

....

🌐 L'adresse du site :

....

👤 Nom d'utilisateur :

....

🔒 Mot de passe :

....

💬 Remarques :

....

....

🏠 Nom :

....

🌐 L'adresse du site :

....

👤 Nom d'utilisateur :

....

🔒 Mot de passe :

....

💬 Remarques :

....

....

🏠 Nom :
....

🌐 L'adresse du site :
....

👤 Nom d'utilisateur :
....

🔒 Mot de passe :
....

💬 Remarques :
....

━━━◆◄◄•••━━━━━━━━━━━━━━»✕«━━━━━━━━━•••►►◆━━━

🏠 Nom :
....

🌐 L'adresse du site :
....

👤 Nom d'utilisateur :
....

🔒 Mot de passe :
....

💬 Remarques :
....

━━━◆◄◄•••━━━━━━━━━━━━━━»✕«━━━━━━━━━•••►►◆━━━

🏠 Nom :
....

🌐 L'adresse du site :
....

👤 Nom d'utilisateur :
....

🔒 Mot de passe :
....

💬 Remarques :
....

🏠Nom :

....

🌐L'adresse du site :

....

👤 Nom d'utilisateur :

....

🔒 Mot de passe :

....

💬Remarques :

....

....

◆━━━━━━━━━━━━━━━━⟩⟩◯⟨⟨━━━━━━━━━━━━◆

🏠Nom :

....

🌐L'adresse du site :

....

👤 Nom d'utilisateur :

....

🔒 Mot de passe :

....

💬Remarques :

....

....

◆━━━━━━━━━━━━━━━━⟩⟩◯⟨⟨━━━━━━━━━━━━◆

🏠Nom :

....

🌐L'adresse du site :

....

👤 Nom d'utilisateur :

....

🔒 Mot de passe :

....

💬Remarques :

....

....

🏠Nom :

🌐L'adresse du site :

👤Nom d'utilisateur :

🔒Mot de passe :

💬Remarques :

────────────◆≫✕≪◆────────────

🏠Nom :

🌐L'adresse du site :

👤Nom d'utilisateur :

🔒Mot de passe :

💬Remarques :

────────────◆≫✕≪◆────────────

🏠Nom :

🌐L'adresse du site :

👤Nom d'utilisateur :

🔒Mot de passe :

💬Remarques :

🏠Nom :

....

🌐L'adresse du site :

....

👤 Nom d'utilisateur :

....

🔒 Mot de passe :

....

💬Remarques :

....

....

◆⊷⊶•●━━━━━━━━━⇥⟩〇⟨⇤━━━━━━━●•⊷⊶◆

🏠Nom :

....

🌐L'adresse du site :

....

👤 Nom d'utilisateur :

....

🔒 Mot de passe :

....

💬Remarques :

....

....

◆⊷⊶•●━━━━━━━━━⇥⟩〇⟨⇤━━━━━━━●•⊷⊶◆

🏠Nom :

....

🌐L'adresse du site :

....

👤 Nom d'utilisateur :

....

🔒 Mot de passe :

....

💬Remarques :

....

....

🏠Nom :

🌐L'adresse du site :

👤 Nom d'utilisateur :

🔒 Mot de passe :

💬Remarques :

🏠Nom :

🌐L'adresse du site :

👤 Nom d'utilisateur :

🔒 Mot de passe :

💬Remarques :

🏠Nom :

🌐L'adresse du site :

👤 Nom d'utilisateur :

🔒 Mot de passe :

💬Remarques :

🏠Nom :
....

🌐L'adresse du site :
....

👤 Nom d'utilisateur :
....

🔒 Mot de passe :
....

💬Remarques :
....

....

🏠Nom :
....

🌐L'adresse du site :
....

👤 Nom d'utilisateur :
....

🔒 Mot de passe :
....

💬Remarques :
....

....

🏠Nom :
....

🌐L'adresse du site :
....

👤 Nom d'utilisateur :
....

🔒 Mot de passe :
....

💬Remarques :
....

....

Nom : ....

L'adresse du site : ....

Nom d'utilisateur : ....

Mot de passe : ....

Remarques : ....

....

—————————————◆◆◆—————————————

Nom : ....

L'adresse du site : ....

Nom d'utilisateur : ....

Mot de passe : ....

Remarques : ....

....

—————————————◆◆◆—————————————

Nom : ....

L'adresse du site : ....

Nom d'utilisateur : ....

Mot de passe : ....

Remarques : ....

....

🏠 Nom :

....

🌐 L'adresse du site :

....

👤 Nom d'utilisateur :

....

🔒 Mot de passe :

....

💬 Remarques :

....

....

🏠 Nom :

....

🌐 L'adresse du site :

....

👤 Nom d'utilisateur :

....

🔒 Mot de passe :

....

💬 Remarques :

....

....

🏠 Nom :

....

🌐 L'adresse du site :

....

👤 Nom d'utilisateur :

....

🔒 Mot de passe :

....

💬 Remarques :

....

....

🏠Nom :

⋯⋯⋯⋯⋯⋯⋯⋯⋯⋯⋯⋯⋯⋯⋯⋯⋯⋯⋯⋯⋯⋯⋯⋯⋯⋯⋯⋯⋯

🌐L'adresse du site :

⋯⋯⋯⋯⋯⋯⋯⋯⋯⋯⋯⋯⋯⋯⋯⋯⋯⋯⋯⋯⋯⋯⋯⋯⋯⋯⋯⋯⋯

👤 Nom d'utilisateur :

⋯⋯⋯⋯⋯⋯⋯⋯⋯⋯⋯⋯⋯⋯⋯⋯⋯⋯⋯⋯⋯⋯⋯⋯⋯⋯⋯⋯⋯

🔒 Mot de passe :

⋯⋯⋯⋯⋯⋯⋯⋯⋯⋯⋯⋯⋯⋯⋯⋯⋯⋯⋯⋯⋯⋯⋯⋯⋯⋯⋯⋯⋯

💬Remarques :

⋯⋯⋯⋯⋯⋯⋯⋯⋯⋯⋯⋯⋯⋯⋯⋯⋯⋯⋯⋯⋯⋯⋯⋯⋯⋯⋯⋯⋯

⋯⋯⋯⋯⋯⋯⋯⋯⋯⋯⋯⋯⋯⋯⋯⋯⋯⋯⋯⋯⋯⋯⋯⋯⋯⋯⋯⋯⋯

◄━━━━━━━━━━━━━━━━━━►◯◄━━━━━━━━━━━━━━━━━━►

🏠Nom :

⋯⋯⋯⋯⋯⋯⋯⋯⋯⋯⋯⋯⋯⋯⋯⋯⋯⋯⋯⋯⋯⋯⋯⋯⋯⋯⋯⋯⋯

🌐L'adresse du site :

⋯⋯⋯⋯⋯⋯⋯⋯⋯⋯⋯⋯⋯⋯⋯⋯⋯⋯⋯⋯⋯⋯⋯⋯⋯⋯⋯⋯⋯

👤 Nom d'utilisateur :

⋯⋯⋯⋯⋯⋯⋯⋯⋯⋯⋯⋯⋯⋯⋯⋯⋯⋯⋯⋯⋯⋯⋯⋯⋯⋯⋯⋯⋯

🔒 Mot de passe :

⋯⋯⋯⋯⋯⋯⋯⋯⋯⋯⋯⋯⋯⋯⋯⋯⋯⋯⋯⋯⋯⋯⋯⋯⋯⋯⋯⋯⋯

💬Remarques :

⋯⋯⋯⋯⋯⋯⋯⋯⋯⋯⋯⋯⋯⋯⋯⋯⋯⋯⋯⋯⋯⋯⋯⋯⋯⋯⋯⋯⋯

⋯⋯⋯⋯⋯⋯⋯⋯⋯⋯⋯⋯⋯⋯⋯⋯⋯⋯⋯⋯⋯⋯⋯⋯⋯⋯⋯⋯⋯

◄━━━━━━━━━━━━━━━━━━►◯◄━━━━━━━━━━━━━━━━━━►

🏠Nom :

⋯⋯⋯⋯⋯⋯⋯⋯⋯⋯⋯⋯⋯⋯⋯⋯⋯⋯⋯⋯⋯⋯⋯⋯⋯⋯⋯⋯⋯

🌐L'adresse du site :

⋯⋯⋯⋯⋯⋯⋯⋯⋯⋯⋯⋯⋯⋯⋯⋯⋯⋯⋯⋯⋯⋯⋯⋯⋯⋯⋯⋯⋯

👤 Nom d'utilisateur :

⋯⋯⋯⋯⋯⋯⋯⋯⋯⋯⋯⋯⋯⋯⋯⋯⋯⋯⋯⋯⋯⋯⋯⋯⋯⋯⋯⋯⋯

🔒 Mot de passe :

⋯⋯⋯⋯⋯⋯⋯⋯⋯⋯⋯⋯⋯⋯⋯⋯⋯⋯⋯⋯⋯⋯⋯⋯⋯⋯⋯⋯⋯

💬Remarques :

⋯⋯⋯⋯⋯⋯⋯⋯⋯⋯⋯⋯⋯⋯⋯⋯⋯⋯⋯⋯⋯⋯⋯⋯⋯⋯⋯⋯⋯

⋯⋯⋯⋯⋯⋯⋯⋯⋯⋯⋯⋯⋯⋯⋯⋯⋯⋯⋯⋯⋯⋯⋯⋯⋯⋯⋯⋯⋯